JN070712

インテリアの常識を変える!

自分に合った部屋づくり

パーフェクトシミュレーションで
理想の空間に住む

株式会社カラーアンドデコ
代表取締役CEO
加藤望美

かざひの文庫

部屋が人生をつくり、
人生が部屋をつくる

　想像してみてください。

　今、あなたの前には真っ白な部屋があります。

　仮に、10畳の広さとしましょう。

　あなたの好きな家具や雑貨を、理想通りに置くことができる空間です。

　どこに、どんなふうに何を置きたいか、なるべく具体的に思い描いてみてください。

　……さて、どんな「自分の部屋」が思い浮かびましたか？

　満足の行く部屋を思い描けた方には、もしかしたらこの本は必要ないかもしれませんね。

　なぜなら、「部屋のどこに、どんな家具や雑貨を、どう置くか」まで想像できる方は、きっと日頃から自分の暮らしとインテリアにつ

いて考え尽くしている方だと思うからです。

　本書を手に取ってくださった多くの方は、あやふやなイメージしか浮かばない、あるいは何もイメージが浮かばない状態だったのではないでしょうか。

　雑誌やインターネット、SNSで憧れのインテリアを見つけることはあっても、自分の部屋にどう取り入れていいのかわからないという方も少なくないでしょう。

　皆さん、はじめまして。加藤望美です。

『株式会社カラーアンドデコ』というバーチャルインテリアのサービスを行う会社を経営しています。

「バーチャルインテリア」って何？　と思われた方がほとんどかと思いますが、その説明の前に少し不動産業界のお話をさせてください。

　皆さんは、「ホームステージング」という言葉を耳にされたことがあるでしょうか？

　不動産業界の用語で、売却する物件を空室のまま見せるのではなく、実際にインテリアを置いて、暮らしをイメージさせる手法のことです。

Before

After

家具を配置したイメージをつくることで、実際の生活や暮らし方をわかりやすくイメージできるのが「バーチャルインテリア」です

　残念ながら、まだ日本ではあまり浸透していないのが現状です。

　私の会社『カラーアンドデコ』は、このホームステージングを、リアルではなくバーチャル、つまりWEB上で画像として提供するサービスを行っています。これが、「バーチャルインテリア」です。

　なぜ私がこのサービスを始めようと思ったのか？　そのきっかけは、およそ10年前に遡ります。

　当時、子供が生まれたことでそれまでの住まいが手狭になり、私はマンションを売却しようとしていました。

　ところが、査定額が想像よりも安く、愕然としたのです。

　現在の日本において、不動産の査定で重視されるのは場所や広さ、階数、築年数、駅からの距離などです。

　私は、なぜ不動産会社の査定の基準に「暮らしの価値」が入って

いないのかと疑問を持ちました。

　そのマンションは、春になると満開の桜が絶景で、友達を招いてお花見パーティを開催していました。ガーデンスペースには夏や秋になると川の音や木々の光が差し込み、とても魅力的な物件だったのです。

　しかし、そういった素敵な点はまるで評価の対象にはなりませんでした。

　納得がいかない私は、こんな素敵な暮らしができるマンションなのだから、もっと価値があるはず！　と不動産売買に関するあれこれを調べてみました。

　すると、海外では、「ホームステージング」といってリフォームや家具、雑貨で室内装飾を施し、いわゆるモデルルームのような演出をして価値を上げてから市場に出すことが当たり前に行われていたのです。

　ですが、当時Googleで「ホームステージング」と日本語で検索しても１件もヒットせず、「ないなら自分で試してみよう」と、海外での事例やノウハウを学び自分でやってみたところ、査定金額より10％高く、2週間で契約が決まったのです。

実際に私が子供と暮らしていた頃の部屋の様子

売却時にDINKS（二人暮らし）ターゲットに合わせたホームステージング

After

Before

インテリアを全て取り除いた、
ただの「箱」の状態

大人っぽいインテリアにチェンジ。
奥の白壁だったところにはグレーの
アクセントクロスを追加しています

契約してくださったのは40代、二人暮らしのご夫婦でした。

ただの箱だけを紹介しても、そこでの暮らしはイメージしにくく、仮に子供がいる状態のインテリアで紹介していたら、ご夫婦に気に入っていただけたかはわかりません。

ただ、暮らし方がイメージできると、自分に合った物件は選びやすくなるのです。ホームステージングは売る方にも買う方にもメリットがあります。

箱だけを並べて紹介している日本の不動産業界の現状を改善したいと考えた私は、2013年にホームステージングを日本の不動産業界へ取り入れる会社を設立し、普及活動に尽力してきました。

不動産選びの際に、ただ線が引かれただけの間取り図やガランとした空室を眺めるだけでは、やはり「場所と広さ」しか分かりません。インテリアがあってこその暮らしです。

しかし、実際に部屋に家具を運び、設置して見せるホームステージングはコストも大きく、予算をかけられる方しかできなかったり、倉庫から運べる距離など、物理的・地理的な限界がありました。

そこで、より一層ホームステージングの可能性を広げるためにバーチャルの力を借りようと思い、2019年に立ち上げたのが今の『株

Before

物件写真

3Dで家具を自動配置シミュレーション

After

バーチャルインテリアで暮らしのイメージが完成

式会社カラーアンドデコ』です。

　バーチャルインテリアとは、簡単にいうと、空室の写真にインテリアを配置してお見せするというサービスです。

　この形であれば、インテリアの種類もより豊富に、どんなに弊社から離れた場所にお住まいの方にでも「この部屋、この家具を手に入れたら自分の人生がどう豊かになるのか」という具体的なイメージを持っていただくことができます。

　バーチャルインテリアは、単に家具や不動産といったモノを売るためのサービスではなく、暮らしを変える＝人生を変えるお手伝いができるサービスを目指しています。

　今では、２次元のイメージだけではなく、実際にビジュアルとして使用した家具やリフォームイメージの購入・施工までフォロー。バーチャルだけでなく、実現できるところにこだわりを持っています。

　住まいの居心地は、人生の幸福度に直結します。

　場所や広さといった条件で選ぶのではなく、インテリアも踏まえて、誰にとっても自分らしく・楽しく・豊かになる住まい選び、住まいづくりができるような社会にしたい──それが私の一番の望みです。

今は誰でもインターネットで、国内だけではなく世界中の情報に触れることができる時代です。いろいろな情報を手軽に集められるということは、画一的な価値観から抜け出してその分個性を出しやすい時代ともいえます。

例えば家の広告ひとつとっても、今までは、両親と子供が手を繋いで仲良く歩いているといったステレオタイプな家族のビジュアルが多かったのですが、もはやそれは時代遅れです。

一口にファミリーといっても暮らし方は千差万別。当然、一人暮らしでも夫婦二人暮らしでもそれは同じです。

人が100人いれば暮らし方も100通り、同じ人間はこの世に２人いないように、同じ暮らし方の人というのも存在しません。

だからこそ、「自分らしさ」を表現することが、部屋づくりにおいて何よりも重要だと私は考えます。

自分らしさの表現とは、単にオシャレであるというような表面上のことではなく、「自分の理想の人生が送れる住まいをつくる」ということです。

そうした「自分らしい家づくり」という考え方が、日本には足り

PROLOGUE

ていないと常々感じています。

「とりあえずシンプルならいい」とか、「ナチュラルテイストなら無難」といったところで思考停止してしまっているパターンが多く、本当にもったいないと思うのです。

　自分の生活、人生を想像してみてください。あなたの人生は「とりあえず、人と同じ無難なもの」で良いでしょうか?

　自分らしく、自分の好きなこと、好きなものに時間を使える人生を送りたいと思う人がほとんどですよね。

　それは、家にも同じことがいえるのです。

　暮らしとは、あなたの毎日の生き方です。暮らしのベースとなるのは、家です。

　家での過ごし方は、人生の過ごし方です。

　どんな生活を送りたいのか。さらにいうなら、どんな人生を送りたいのか、考えてみてください。

　部屋をつくることは、人生をつくること。

　部屋を変えることは人生を変えること。

「人生を変えよう！」というと、一大事です。「とてもじゃないけれど、今さら自分にできるわけがない」と思ってしまいますよね。

　けれど、「インテリアを変えよう！」だとどうでしょうか？　今週末からでも、気軽にできそうな気がしてきませんか？

　本書では、部屋づくりの際に失敗しがちなこと、インテリアの選び方など、家とインテリアを決める際に参考にしていただきたいこと、そして後半は「なりたい自分像」に合わせたインテリア例を豊富なビジュアルで紹介しています。

　自分に合ったインテリア、自分らしい生き方が分からず迷っている方にとっても、理想の暮らしをイメージする手助けになる本を目指しました。

　本書が、理想の部屋づくり、そして「やりたいことが叶う人生づくり」のイメージを膨らませるきっかけとなれば幸いです。

株式会社カラーアンドデコ　代表取締役CEO　加藤望美

CONTENTS

Chapter **2**
理想の部屋のつくり方

Chapter 3
なりたい自分になる！
バーチャルインテリア実例集

Chapter 4
部屋をもっと
素敵&快適にする Tips 集

EPILOGUE

Chapter
1

部屋づくりの
落とし穴

内見をし、インテリアを選び、ワクワクした気
持ちで部屋づくりを始めたはずが、気がつけ
ば理想とは程遠い部屋になってしまっている
……。その原因は、「とりあえず」という呪いの
ワードと、「理想像のなさ」にあるのです。

部屋も人生も
「とりあえず」で良いですか？

　あなたは、今暮らしている部屋のインテリアにどれくらい満足していますか？

「100点満点！」と自信を持って答えられる人はなかなかいないのではないでしょうか。

　希望で胸を膨らませて部屋づくりを始めたはずなのに、気づけばなんだか居心地の悪い部屋になっている。

　思い描いたイメージとはいつの間にかかけ離れてしまった、こんなはずじゃなかったのに、どこで間違えてしまったんだろう？？

　そんな心の声が聞こえてくるようです。

「本当はあのブランドのソファが欲しいけど、とりあえず、お金が貯まるまでは安いので我慢しておこう」

「とりあえず買ったこのハンガーラック、思ったより大きくてここには置けないな。とりあえずあの辺に置いておくか」

「そうそう、スリッパ買わなきゃいけないんだった。とりあえず、

百均のモノでいっか！」

　どうでしょう、身に覚えはありませんか？

　気づけば「とりあえず」の連続で、モノも場所も「とりあえず」だらけになっているのです。

　こんなふうに、「とりあえず」で出来上がった部屋での暮らしはどうなるでしょうか？

　帰宅したら、「とりあえず」買った百均のスリッパを、「履き心地が悪いなぁ」と思いながら履きます。

　上着をかけたいけれど、「とりあえず」買って、「とりあえず」の場所に置いたハンガーラックは使い勝手が悪い。だから「とりあえず」使い続けている、サイズもデザインもしっくり来ていないソファにポンと放り投げます。

　ソファは部屋のかなりの面積を占めているのに、動線の悪さもあって単なる物置になっているので、あなたの座る場所はありません。そうして、「とりあえず」床の隅っこに座ります。

　これが毎日続くと思ってください。

　想像するとゾッとしませんか？

どう考えても、心地良い暮らしではありませんよね。

この「とりあえず癖」がついてしまうと、全てに影響すると私は思っています。

「とりあえず」を辞書で引くと、「急いで、間に合わせの処置として」と出てきます。「間に合わせ」であって、あなたが本当に欲しいものではないということです。

本当に間に合わせとして買うのなら問題ありません。しかし、多くの場合、間に合わせだったはずのものを、そのまま本命かのように居座らせてしまいます。

なぜなら、モノというのは一度買ってしまうとなかなか処分するのが億劫だからです。お金を出した物を捨てるという行為には、多かれ少なかれ躊躇が生まれます。

雑貨でもそうですし、大きな家具となるとなおさらです。さらに、買い直さなければならないとなると精神的にも金銭的にもハードルが高いですよね。

置き場所にしても、大きな家具を移動させるのは肉体的に一苦労です。

こうして、一時的な「間に合わせ」のつもりだったはずが、その
ままズルズルと放置され、本命のようになってしまうのです。

とりあえずで、住み始めてしまったお家に関しては、納得がいか
ないまま、何年経っても、そのままです。次の引越しまでそのまま
です。

まずは、できるだけ引越しの時に全て本命を用意しておくのがベ
ストです。

家具も、配置も、「とりあえず」が入る隙がないようにしておきま
しょう。

「人生」とは日々の積み重ねです。

「とりあえず」だらけの日々を続けるということは、つまり、あな
たの人生は「間に合わせ」でできていることになるのです。

「とりあえず」の呪縛から脱却するための方法をこれからお教えし
ます。とても簡単なことばかりなので安心してくださいね。

インテリアも人生も
「理想のイメージ」から始まる

　なぜ、自分が暮らす大切な部屋のインテリアを「とりあえず」で済ませてしまうのでしょうか？

　その答えは、「イメージのなさ」にあります。

　あなたの中にどういう暮らしをしたいか、どう生きたいかという「イメージ」がないため、とりあえず適当なモノで良いか……と、深く考えずに済む、楽な方に流されてしまいます。

「理想の部屋」が想像できないということは、人生のイメージができていないこととイコールです。

　ここまで読んで、「でも、急に理想の部屋をイメージしてみろといわれてもできない」という方も多いでしょう。そういう方がほとんどかもしれませんね。

　その場合、理想の部屋づくりをイメージするために、まずやらなければいけないことはなんでしょうか？

　インテリアショップに行くこと？

家具のカタログを見ること？

どちらも違います。

答えは……「どんな自分になりたいか」を考えることです。

勘違いしがちですが、部屋の主役は、インテリアではありません。どんなに素敵なソファも、どんなに高級なベッドも、主役にはなり得ません。

部屋の主役はどこまで行っても「あなた」です。

あなたの理想の生き方が、理想の部屋を作るためには欠かせないのです。

どうなりたいのか、どういう生き方をしたいのかが定まらないのに、住み心地もビジュアルも理想どおりの部屋ができあがるわけがありません。

「どんな部屋にしようかな」とワクワクするその気持ちを、まずは「どういう生き方にしようかな」に少しシフトしてみてください。どんな自分が理想の自分なのかを考えてみましょう。

そのソファ、本当に必要ですか？

　突然ですが、ここで質問です。

「あなたの部屋にはソファがありますか？」
「そのソファに座っている時間はどれくらいありますか？」

　変な質問だなと思われたかもしれません。

　でも、ソファを使っているかどうかというのは、先ほどからお話している「どう暮らしたいかを考える」ということと切っても切り離せない大命題なのです。

　なぜかというと、なんとなくソファを買ってしまい、結局使っていないという人がとても多いからです。

　リビングといえばソファ、くつろぐといえばソファ、オシャレな部屋といえばソファ。

　そうした思い込みで、ソファは必需品だと思って買ってしまうのですね。

　でも、思い込みから張り切って買ったソファが部屋の真ん中に鎮座しているものの、気づけばそのソファではなく、床に座っていませんか？

　あるいはソファは取り込んだ洗濯物の一時置き、帰宅して脱いだ服の一時置きになっているだけではありませんか？

　ドキッとした方、少なくないはずです。

　それは、決してそのソファの使い勝手が悪いからということではなく、単純に、その人の生活にはソファが必要ないということなのです。

　床に座る方が落ち着くタイプの人というのは少なからずいます。また、ダイニングの椅子の方が座りやすいという人もいます。そもそも外で仕事ばかりしていてソファに座る時間がないという人もいます。

「でも、オシャレな部屋といったらソファでしょ！」という声がどこからか聞こえてきますね。

　オシャレのためなら無駄なモノでも買うという人には、「家の中でいつまでかっこつけてるんですか？」と言いたいです（それに、そ

もそもソファがなくてもオシャレな部屋はつくれます）。

　もちろん、部屋はオシャレであるに越したことはないでしょう。

　でも、ビジュアルだけ良くても住み心地の悪い部屋では本末転倒です。

　どんなに他人から「オシャレだね」と褒められたとしても、くつろげない部屋に住んでいる人の人生は好転しません。

　家はリラックスできる場所でなければいけません。人生へのモチベーションを高めるためにも、くつろいでパワーをチャージできるというのは部屋づくりにおいて外せない要素です。

　まずは、くつろげる部屋にするために、今買おうとしているモノが本当に必要なモノかどうかをジャッジする目を養いましょう。

　なるべく具体的に朝起きてから夜寝るまでの自分の生活をイメージしてみてください。

　朝起きたら、まずどこで何をするか。

　会社から帰ってきたら、最初にどこで何をするか。カバンをどこにどう置いて、コートはどこにどうかけるのか。

　コートは着たまま家に入って奥にある寝室のクローゼットにかけ

るという人もいれば、玄関ですぐ脱ぎたいという人もいます。

　また、花粉症の人であれば、花粉を家に持ち込まないためには絶対玄関にコートハンガーがあった方がいいですよね。

　このように、細かくご自身の生活スタイルをトレースして、モノの要不要を見極めてください。

　例えば、ソファが必要でも二人がけであるは必要ないかもしれませんよね。

　あなたが一人暮らしで、家の中でのんびり一人でリラックスしたいのであれば、一人がけのソファにサイドテーブルを置くだけで居心地の良い居場所が出来上がるでしょう。

　二人暮らしだったとしても、一人は一人がけのソファ、一人は床の座布団に座るというスタイルが一番落ち着くかもしれません。

　全てはそこに暮らす人次第です。

「二人暮らしのリビングだから絶対に二人がけのソファが必要」ではないということを理解しておきましょう。

家の中の７割は不要なモノ

先ほど、「ソファは本当に必要なのか」という話をしましたが、私は、極論をいうと、「家にあるモノのうち７割は不要」だと考えています。

とりあえず買ってしまったモノ、使わなくなったけれど面倒で捨てていないモノ、使うと思ったら使わなかったモノ、今は使わないけどいつか使うと思い続けて使わないままのモノ……。身に覚えはありませんか？

偉そうに語っていますが、かくいう私も、実は無駄なモノに囲まれてしまっています。

今、自分の家で使っているベッドもソファもなくてもいいな、と感じているのが正直なところです。

気に入って買った大きなソファですが、仕事がメインの生活ですし、家にいる時は育児と家事ばかりでゆっくりソファに座れる時間はほとんどありません。

また、ダイニングテーブルも、ソファの前に置いているローテー

ブルで事足りるため、なくても困りません。

　ベッドは、仕事でお付き合いのあるモデルルームから不要になったから引き取ってほしいといわれたもので、全く気に入っていません。自分の意思で選んでいないので愛着がないのです。

　部屋づくりがうまくいかない理由の大半は、不要なモノの多さにあるのではないでしょうか？

　特に、日本の狭い住宅では、モノがあればあるだけ「どこに置くか」「どこに収納するか」に苦心することが部屋づくりのメイン作業となり、肝心の住み心地はそっちのけになってしまいます。

「断捨離」という言葉が市民権を得て久しい昨今、「手に取った時にときめかないモノは捨てる」「毎日必ずひとつはモノを捨てるクセをつける」など、さまざまな「モノの捨て方」が語られています。当然、捨てることも重要なのですが、捨て方を学ぶ前に、まずは「買わないこと」に少し意識を向けてほしいと思います。

「こうしたい、そのためにこれが欲しい」と思っていたとして、その欲望が今だけのものなのか、ずっと先まで続きそうなのかを考え

てみてください。

　今だけのものであれば、結局それを手に入れたところで遠くない未来にゴミになるでしょう。

　これからの時代は、消費に対するマインドをみんなが変えていく必要があると思います。

　みんなが持っているから、広告を見かけたから、インフルエンサーが使っていたから……そんなふうに、自分軸ではない誰かの意見に踊らされて購入したモノは、愛着が持てず、結局ゴミとなってしまう可能性が高いです。

　ここで勘違いしてほしくないのは、何も私は消費を悪だと思っているわけではないということです。むしろ私は、何かを欲しいと思うことも、欲しいモノを手に入れてワクワクすることも、心豊かに楽しく生きるために欠かせないことだと思っています。

　ただ、自分の人生に向き合わないまま、どこかの誰かの情報でモノを買ってしまうことは、部屋も人生も輝かせるどころかくすませてしまうだけではないかなと思うのです。

自分の人生の「目利き」になる

　自分にとって必要なモノは何か、自分は何が好きなのか、どういうモノがあれば心が満たされた生活を送れるのか。

　そういった自分の正直な気持ちと向き合い、理解することで本当に必要なモノが分かってきます。

　そこの見極めができるようになれば、部屋づくりにおいても「とりあえずシンプルなインテリアにしておけば無難」「北欧テイストが流行りらしいからうちもそうしよう」といった画一的な価値基準ではなく、自分らしさが出てくるようになります。

　必要なモノだけを見極めて買うことができる「目利き」になるのです。

　ここでいう目利きとは、あくまで自分軸です。別に、ハイブランドのモノや高級なモノを見分けられるようになれということではありません。

　むしろ、あなたが本当に必要だと感じ、愛し続けられると思えたモノであれば、安いモノでもいいのです。

　目利きでない人ほど、「高いモノさえ置いておけば素敵な部屋になるはず」「よく分からないけど、ブランドもののインテリアはきっと良いモノに違いない」という思考になりがちです。

　もちろん、高価なインテリアというのは耐久性やデザインにおいて優れていることが多いです。

　ただ、それがあなたの今の生活、ひいては人生に必要なモノか？と言われると必ずしもそうではないということです。

　自分が本当に必要としているモノを理解するということは、自分を見つめ直し、理想の自分像をクリアにして成長させることにも繋がります。

　また、カップルや夫婦で二人暮らしの場合は、二人の間でのイメージのすり合わせもとても大切になりますよね。

　どんなに気が合ったとしても別の人間なので、趣味も嗜好も志向も違って当然です。

　部屋づくりにおいて何が譲れないのか、どこまでなら妥協できるのかを話し合い、二人の間で意思の疎通を図っておかないと、居心

地の良い素敵な部屋は出来上がりません。

　どちらかが我を通して寄り添う姿勢を見せなければ、当然もう片方は我慢することになります。

　1日2日のことなら我慢もできるかもしれませんが、部屋は毎日の暮らし、人生の満足度に大きく関わるところです。我慢が続けば関係が破綻するのは目に見えていますよね。

「喧嘩になるから面倒くさい」と話し合いを後回しにしたり、なんとなくお互いの顔色を見て「とりあえずの無難なモノ」で間に合わせるという話にもなりかねません。

　そうなると、二人とも居心地が良くない部屋になるという最悪の結果を招きます。

　どうしても意見が合わないのであれば、お互いにパーソナルスペースをつくれるよう工夫するといった考え方もできますよね。

　部屋づくりは人生づくりです。部屋に対しての共通認識を持つことで、お互いハッピーになるものを見つけていくという意識を忘れないようにしましょう。

間取りも場所も「絶対ダメ」と 決めつけない

　弊社の業務が不動産業と密接に関わるためか、時々「どんな間取りがオススメですか？」「やっぱり駅から近くないとダメですよね？」などと物件の選び方について尋ねられることがあります。

　これまで多くの物件を見て、その空間を輝かせるインテリアを考えてきた私としては、「ダメな間取りもダメな場所もない」とお伝えしたいです。

　今の日本で物件を探すとなると、賃料、広さ、駅からの距離などの条件で検索するという方法が王道です。

　そして、どれだけ綺麗事を言おうとも、やはり賃料が最重要事項となり、間取りや場所については妥協するしかない側面はあると思います。

　ですが、「狭い＝暮らしにくい」ではありません。動線とインテリアのサイズ感を考えてあげれば、狭くても住み心地の良い部屋はいくらでもつくれます。

　また、日当たりが悪い部屋であったとしても、太陽を移動させて
くることはできませんが、照明の種類や配置場所、インテリアの色
の選び方で部屋を明るい印象にすることはできます。

　そして何より、物件の良し悪しは第三者が決めるものではありま
せん。

　とにかく通勤時間を減らしたいという人にとっては駅近の狭い物
件でも良いでしょう。一方で、広さを求める人にとっては、駅から
遠くても、広い物件のほうが生活の満足度は上がるでしょう。

　やはり、「自分が何を重要視しているか?」がここでも大切になる
のです。

　ただ、住むエリアに対しては、あまりこだわらないほうが良い物
件が見つかりやすいのではないかと思います。

　なぜその駅、そのエリアが良いのかを一度考え直してみてください。
例えば、二つ隣の駅ではどうしてもダメな理由が何かあるでしょうか。
もしかしたら、同じ賃料でもっと広く住みやすい物件があるかもし
れません。

　私もこれまで何度も引越しをしてきましたが、第一希望の場所で

はなかったものの思いがけず素敵な街で、予定より長く住んでしまったという経験があります。

　自分の思い込みで限定してしまっている条件の幅を少し広げてみるだけで、運命の物件に出会える可能性はグッと広がりますよ。

「このエリアだと電車通勤しにくいから嫌」と思っていても、意外と自転車通勤なら快適かもしれません。

　特に、賃貸の場合は「いろいろな場所を楽しもう」というくらいの気持ちで住んでみると面白い出会いがあると思います。

　利便性や効率を重視する世の中ですが、「部屋づくりは人生づくり」と思っている私からすれば、「交通面の利便性ばかりがそこまで重要なのかな？」と疑問に感じることが多々あります。

　部屋は、食べるものと同じで自分自身をつくるものです。

「駅から近くないとダメ」「都心に出やすいこの駅じゃないと嫌」といった条件に囚われすぎず、少し視野を広げて暮らしやすさを考えてみることをオススメします。

　そして、先ほど「ダメな間取りも場所もない」とお伝えしましたが、一点だけ、内見の際に少し注意してほしいところがあります。

それは「カビ」です。

私は夫がドイツ人ということもあり、日本だけではなくヨーロッパの家を見ることも多いのですが、日本の家では珍しくないカビを、ヨーロッパの家ではあまり目にしないことに気づきました。日本は湿度の高さに加えて、隣の家との距離も近いため、風通しが悪くカビが生えやすいのです。内見をする際には、窓の端をチェックしてください。サッシにカビが生えていることがあります。すでにクリーニング済みの部屋でも生えているとしたら、そこは確実にカビの生えやすい、湿気の多い部屋だといえます。

私は、以前コンクリート打ちっぱなしの部屋に住んでいた頃、咳が止まらなくなったことがあったのですが、なんとベッドの後ろの壁が一面カビだらけだったのです。カビは健康被害を引き起こす可能性が大。コンクリート打ちっぱなしは通気性が悪く、結露ができやすいということを若い私は知らなかったのです。

それから私は除湿機を置くようになりましたが、大変快適です。湿度というのは部屋の快適さを大きく左右するのでぜひ一度使ってみてください。

家具の「サイズ感」に要注意

　物件が決まり、インテリアを探しに行った先で一目惚れをしてしまうことはありますよね。

　特に、ダイニングテーブルやソファ、ベッドなど大型家具ほど、ビジュアル的に気に入ったモノが欲しいと思うため、見た目の第一印象で決めることがあります。

　そしてウキウキと購入したものの、いざ搬入の段になると、なんとドアを通らない。階段の幅が狭くて２階に運べない……なんていう事態が発生してしまうのです。

　あるいは、入ったとしても想像したよりも大きく、他のインテリアが置けなくなる、通路が狭くなるといったこともあり、その結果、なんだかバランスの悪い部屋になってしまいます。

　どんなに素敵なインテリアでも、これでは本末転倒ですよね。

　サイズチェックはインテリア選びの基本中の基本ですが、意外と見落としがちです。

　特に大型家具は、デザインや使い勝手だけでなく、しっかりサイ

ズを確認することを忘れないでください。

　大きいテレビを買ったのはいいけれど、ソファとの位置的に近すぎて疲れる、見づらいというのもよくあるトラブルです。

　家具のサイズ感を確かめるためにも、実は弊社の「バーチャルインテリア」は有効です。

　なぜなら、その部屋にきちんと入るか入らないか、設置した後の使いやすさも考慮した上で、ドアサイズや通路の幅まで意識してインテリアを配置しているからです。

　快適に暮らせる部屋、そしてデザイン性も良い部屋をつくりたいという方は、ぜひ、インテリアのことまで考えてくれるサービスを行っている不動産屋さんを探してみてください。

　きっと、物件選びは単なる広さ・駅からの近さだけが重要ではないということを実感いただけるはずです。

Chapter
2

理想の部屋の
つくり方

失敗しがちな点が分かったところで、具体的
にどうすれば理想の部屋をつくれるのかを見
ていきましょう。自分も部屋も、まずは理想
像をイメージすることがスタートです！

「仕事」or「プライベート」
どちらを優先する？

　Chapter 1 では、「どんな人生を送りたいかという理想の生き方から部屋づくりが始まる」という話をしました。

　しかし、突然そんなことを言われてもハードルが高いと感じた方もいらっしゃると思います。

　そこで、「なかなか部屋のイメージが思い浮かばない！」「理想の人生といわれてもピンと来ない！」という人は、まず「仕事」か「プライベート」、どちらに重きを置くかを考えてみるのがオススメです。

　それだけでも、部屋の何をする場所にスペースとお金を使うのかが見えてきます。

　例えば私の場合、仕事が中心の人生なので、自宅でも書棚やワーキングスペースなどを中心に部屋づくりをしています。

　これが、プライベートの時間重視で、家ではとにかくゆっくりしたいという方だったら、居心地の良いくつろげるスペースづくりを中心に考えるべきです。

　日本の住宅事情的に、全てのスペースにおいて理想通りの広さを確保するというのは難しいです。

　そして何より、予算にも限りがあります。

　そこで、どこが自分の生活にとって大事なのかを絞るのです。

　仕事優先であれば、まず書斎から部屋づくりを考えます。

　プライベート優先の人であれば、さらにプライベートの中でも何をする時間を重視するかを絞っていきましょう。

　例えば、リビングで映画やドラマを見る時間を大切にしたいのであれば、「なるべく大きなテレビや座り心地の良いソファがあるといいな」といったように必要なものがクリアになっていきます。

　仕事で疲れた体を休めたいから睡眠重視というのであれば、ベッドにこだわると満足度が上がりますよね。

　趣味の料理に力を入れたいのであれば、当然キッチン周りや、食事をするスペースを充実させる必要があります。

　繰り返しになりますが、「自分がどう暮らしたいか」をまずは徹底的に考えてみてください。全てはそこからです。

なりたい自分になったつもりで
部屋をつくってしまおう

なりたい自分像を明確にしてから部屋づくりをするというと、「いつかなりたい自分になってから部屋をつくった方がいいんじゃない?」と思われる方もいるかもしれません。

はっきり言って、それは人生の遠回りです。

「いつか」をただ待っていても来てくれないからです。

理想の自分になってから理想の部屋をつくるのでは、いつまで経ってもどちらも叶いません。

理想を叶えるというのはすぐにできることではないからこそ、まずは「理想の生活を送っている自分になったつもり」で部屋をつくるのです。

部屋をつくるとなると、具体的なイメージがなければできませんよね。

起業して成功した自分だったらどんなデスク周りか?　チェストは必要か?　趣味を極めた自分だったらどんなリビングなのか?

どんな食生活で、どんなキッチン周りか？

　そうした生活のディテールを想像しながらアイテムや配置を決めていきます。

　恋人が欲しいのであれば、恋人と過ごす時間を想像します。

　リビングで二人で過ごすのなら、ゆったり座れるスペースが必要です。二人がけのソファではなく、大きめのソファ（理想を言えば三人がけがベストです。二人がけに二人座ると窮屈になりがち）、二人で料理をしたいならキッチンも一口コンロより二口は欲しいですよね。

　これから趣味で油絵をやってみたいという気持ちがあれば、まだ始めていなくても、キャンバスを置いて絵を描くスペースをつくっておきます。

　海外を飛び回る仕事がしたいのであれば、行きたい国の写真や世界地図を貼ってみたり、小説家になりたくて執筆活動をするのであれば、憧れの文豪を真似て文机を置いてみる、なんていうことも考えられます。

　そうやって、理想の自分になったつもりで部屋をつくり、そこで

日々生活することで、理想は現実になっていくのです。

　なぜなら、部屋の影響で意識が変わり、行動が変わっていくからです。

　部屋に置いてあるモノというのは、否が応でも毎日目に入ってきますよね。

　意識していなくても、その映像は脳内に刷り込まれます。

「脳内でディテールまでイメージしたことは現実になる」という話を聞いたことがありませんか？　潜在意識が現実を変えると言われ、「引き寄せの法則」などと呼ばれます。

　ひとつひとつ夢が叶った状態を想像してつくり上げた部屋は、あなたがすでに理想の状態になっているという自己暗示をかけてくれます。

　理想の生活を「送りたい」ではなく「送っている」と思いながら暮らしていると、それは現実になります。

　部屋づくりに迷っている方は、ぜひこの方法を試してみてください。住み心地だけでなく、人生まで変わっていくはずです！

画像でイメージを膨らませる

　理想の部屋をつくるためには、理想の人生を思い描くのと同時に、「部屋の理想のビジュアルを探す」というシンプルな方法も欠かせません。

　部屋の理想像を描いてから部屋づくりを始めるというと、当たり前のことのようですが、意外とできていないもの。

　理想がないままに「何となく好きなインテリア」を「何となくの場所」に置いてしまっているという人が多いのです。

　そうではなく、まずは明確に「これ！」という部屋のビジュアルイメージを持ちましょう。

　そのためには、『Pinterest』や『Instagram』のような画像イメージ検索を使うのがオススメです。

「ワンルーム　インテリア」「１DK間取り」などで検索するとたくさんの素敵な画像を見ることができます。

　また、「interior apartment」「studio apartment ideas」「home office inspiration」など、英語で検索することで、海外のオシャレ

な部屋もすぐにピックアップできます。

　理想のイメージはあくまで理想なので、実際にこれからあなたが部屋づくりをする間取りや広さとは違うことがほとんどでしょう。

　ですが、インテリアの色合いやサイズ感、配置、アート、グリーンの飾り方など真似できるところが多くあります。

　自分一人では全く想像もしていなかった部屋のイメージに出会い、そこからどんどん自分が暮らしたい部屋のイメージが膨らんでくることもあります。

　シンプルで無難な部屋のイメージしかなかった人が、カラフルな色合いのインテリアに一目惚れしてしまうことだって考えられますよね。

「モノはとにかくチェストや押入れの奥にしまう」と思い込んでいた人が、思いがけず見せる収納の魅力にハマってしまうかもしれません。

　逆に、「こういうインテリアはあまり好きじゃないな」と自分の苦手なテイストに気づけるのも、ビジュアルを見ることのメリットです。

　他にも、映画やドラマを観る際に、部屋に注目してみるのも一つの手です。

　特に今はNetflixを筆頭に動画配信サービスが花ざかり。さまざまな国の映画やドラマが定額で見放題です。

　映像作品は、プロたちが登場人物に合わせたインテリアをセレクトして部屋をつくり込んでいるため、生活感があります。

　適度に散らかっていたりもするので、その分、暮らしをイメージしやすい部屋も多いと思います。

「こんな部屋に住みたい！」と感じたらぜひスクショをしておきましょう。

　大切なのは、とにかくたくさんのビジュアルを見ることです。「自分の好みがよく分からない」という方は、部屋をイメージするためのサンプル数が足りていないのです。

　ネット、TV、雑誌……普段目にするさまざまな媒体で、部屋を気にしてチェックするようにしてみてください。どこかの誰かの部屋には、あなたの部屋づくりのヒントが溢れているのです。

個性を出すのは家具よりも
デコレーション

「自分らしい部屋」という時、「自分らしさ」とは部屋のどこに一番現れるでしょうか？

　答えは……「デコレーション」。

　椅子やテーブルなどの家具以上に、部屋の印象を左右するのは、部屋の装飾なのです。

　どんなモノで、どんなふうに部屋を飾りつけているかが、あなたらしさが溢れるところです。

　想像してみてください。

　無地の白いTシャツに、シンプルなジーンズ姿の女性がいるとします。

　ある日は、そのスタイルで、靴はピンヒール、アクセサリーはパールのネックレスとピアスをつけ、しっかりとお化粧してロングヘアを巻き髪にしています。

　すると、どうでしょうか。ちょっと良いお店にショッピングにで

も行くような、エレガントなスタイルになりますよね。

　一方、別の日には同じ白Tにジーンズでも、靴はスニーカー、ノーアクセ、お化粧もせず髪はポニーテールです。子供と近くの公園へ遊びに行くような、カジュアルスタイルの出来上がりですね。

　同じ白Tにジーンズでも、飾り方でガラリと印象は変わります。

　実は、部屋づくりにもこれと同じことが言えるのです。

　私たちが日常的に使うテーブルや椅子、ベッドといった家具が、びっくりするような個性的なデザインということは（0ではないかもしれませんが）そうそうありません。

　こうした、誰にとっても必須の家具と言えるものは、いわば、白Tやジーンズのようなもの。どうデコレーションしていくかというところに、使う人の個性が出るというわけです。

　例えば、飾り棚に何を並べるか。

　コレクションしている香水を並べるのか、好きなアニメキャラクターのフィギュアを並べるのか、旅先で撮った写真を飾るのか。

　壁にはアーティストの絵画を飾るのか、我が子の描いた絵を飾るのか。

グリーンを飾るにしても、背の高い大人っぽい印象の観葉植物を一点だけ置くのか、季節ごとの花やリースなどで要所要所をカラフルに彩るのか。

そういったディテールでまるで印象は違います。

壁の余白がないほど、部屋はオシャレに見えます。特に日本の住宅は白やベージュなどの主張の少ないものが主流なので、そのままだとどうしても、いまいちオシャレに見えないのです。

また、壁だけではなく、ソファに置くクッションも、デザインだけでなく、置く数やサイズでも雰囲気が変わります。

単に必要な家具を置いているだけの部屋は、シンプルでスッキリはしているかもしれませんが、その人らしさ、もっというと人間らしい温かみがなく、住んでいてもワクワク感がありません。

無個性な部屋では、無感動な暮らしになります。

ぜひ、愛を感じられるモノ、やる気を上げてくれるモノ、目に入ると嬉しくなるようなデコレーションで自分らしく部屋を飾りつけてみてください。生活のクオリティが見違えるはずです。

部屋のデコレーションに
多くのモノは必要ない

　部屋を飾る際に注意してほしいのは、「デコレーション＝モノを多くそろえてゴチャゴチャさせる」ではないということ。

　むしろ、飾るモノについて考えを深めると、モノは減ると思います。

　なぜなら、部屋のデコレーションを考えることもまた、自分を見直すことに繋がり、自分が本当に大切に思っているモノとそうでもないモノを明確に浮かび上がらせてくれるからです。

　ネットで見かけてなんとなく買ったオシャレっぽいポスターよりも、大好きな漫画の愛蔵版のほうが目にした時にニコニコしてしまうのであれば、そちらを飾ったほうが毎日を楽しい気持ちで過ごせるでしょう。そうなると、特に思い入れのないポスターは必要ありませんね。

　アンティークの器よりも、自分が通う趣味の陶芸教室でつくった器を飾る方が、視界に入った時の満足度は上がるかもしれません。そして、「次はもっと良い器をつくろう！」とモチベーションに繋が

るかもしれません。

　お子さんの描いた絵も、額に入れて飾れば素敵なアートです。

　大切なのは、見栄や体裁ではなく、「目にした時に自分の心が満たされるモノ」を基準に選ぶということ。

　知らない誰かの基準で選んだオシャレなモノばかりが並ぶモデルルームのような部屋よりも、あなたの基準で選んだ好きなモノが並ぶ部屋のほうが、ずっと価値があります。

　誰にとっての価値かというと、他の誰でもない、あなたです。

　繰り返しになりますが、部屋の主役はモノではなくあなたです。

「高価なモノ、オシャレなモノでなければ、飾ってもカッコよくないんじゃないか？」と思われるかもしれませんが、そんなことはありません。

　アートやグリーンの飾り方については、Chapter 4 の Tips 集でビジュアル付きで詳しく解説しているので、ぜひそちらも参考にしてみてください。

部屋の余白が未来をつくる

　先ほど、壁の余白がないほうがオシャレに見えるという話をしましたが、部屋自体には余白を残すことが人生づくりにとっては大切です。

　この場合の「余白を残す」とは、部屋の全てのスペースを今現在使うモノだけで埋めてしまわない、ということです。

　家の中がモノでギュウギュウ詰めだとなぜいけないのか？

　それは、「未来のための新しい何か」が入ってくる余地をなくしてしまうからです。

　未来をつくるためのモノが置けないということは、人生の可能性を狭めてしまうことに繋がります。

　人生を前進させたり幅を広げたりするためには、新しい出会い、新しい刺激が必要ですよね。

　例えば、ゴルフを始めたいと思っても、「今の部屋はゴルフセットを置けないから」という、あなた自身の気持ちではなく、部屋の状態が理由で諦めてしまうのではもったいないと思うのです。

部屋の現状を動かせないとなると、それはそのまま人生も動かせない＝停滞した状態となります。

「部屋の余白を残す」ということは、「人生に対してフレキシブルであること」とも言い換えられるかもしれません。

何も変化がなく、ずっと同じことの繰り返しだけで人生が進んでいくよりも、チャンスや出会いで変化していく人生にこそ価値があると私は考えています。

そのため、弊社では、バーチャルインテリアのサービスで部屋のビジュアルをつくる際もあえて余白を残すようにしています。

デコレーションについても、100％の状態ではなく敢えて80％程度の仕上がりにして、「ここの余白の使い道は部屋主さんが考えてくださいね」と想像力を促す形にしています。

先述の「理想の暮らしをしているつもりで部屋をつくってしまう」という話にも繋がりますが、部屋づくりにはまず何よりもイメージとイマジネーション（想像）が大切です。

明るい未来を想像し、創造できる部屋こそが、あなたにとって理想の部屋なのではないでしょうか。

椅子とコーヒーテーブルには
投資の価値あり

　Chapter 1 で、「部屋の 7 割は不要なモノ」「ソファも本当に必要か
どうか考えるべき」という話をしましたが、それでは、長く使えて
投資をする価値のあるインテリアとは何でしょうか?

　私は「椅子とコーヒーテーブル」と即答します。

　新居に家具をそろえるとなると、まず目が行きがちなダイニング
テーブルやソファといった主役級のアイテムは、結婚、出産など、
ライフステージによって必要なサイズが変わる可能性がとても高い
モノです。

　しかし、椅子とコーヒーテーブルは、ライフスタイルや間取りが
変わっても使い続けやすいのです。

　まず、コーヒーテーブル。

　これは、ソファの前に置くテーブルで、日本でいうところのちゃ
ぶ台ですね。

　間違いやすいですが、ソファの隣に置く少し高さのあるテーブル

は「サイドテーブル」といいます。

コーヒーテーブルは、良いモノを買えば、ソファが変わっても暮らし方が変わっても使い道があります。

例えば、一人暮らしの方であれば、食事用のダイニングテーブルとして使えますし、その後結婚して家族が増え、新たにダイニングテーブルを買ったとしても、引き続きコーヒーテーブルとして使えます。

椅子も、ダイニングテーブルが変わったとしても使い続けられるモノです。

ダイニング用ではなく、仕事用の椅子も同様です。

一度良いモノを買えば、引っ越してもライフスタイルが変わっても長く使い続けられるので結果的にとてもコスパが良いのです。

特に仕事用の椅子は、在宅で仕事をする人にとっては長時間使うモノなので、良いモノを選ぶと心身のストレスがかなり変わるのでオススメです。

かくいう私が今、仕事場で使っている椅子は20年以上前に購入しました。

スイスの『Vitra（ヴィトラ）』というオフィス家具ブランドの『メダチェア』という椅子で、おそらく定価は20万円ほどするはずなのですが、当時アウトレットで、なんと1万5000円で運良く手に入れることができたのです。

やはり、オフィス家具のブランドが定番でつくり続けているモノだけあって座り心地は抜群です。

長く座っていても体が疲れず、安い椅子とは一線を画していると感じます。

20年以上ヘビーユースしていても、どこかが壊れたり修理が必要になったりといったことが一度もありません。

やはり、値段が張るものにはそれだけの価値があります。

もちろん、最初から全ての家具にお金をかけられるというのであればそれがベストですが、なかなかそうはいかないという人がほとんどだと思います。

限られた予算内で家具に投資するのであれば「コーヒーテーブルと椅子」これを覚えておいて損はないです！

20年以上愛用している『Vitra』の『メダチェ
ア』。ミニマルなデザインに耐久性の高さ、まさ
に質実剛健を具現化したような椅子なのです

家具の「出自」を知っていますか？

　今家の中にある家具が、どういった素材で、どこで誰がどのように つくっているモノかというのをなんとなくでも把握している方と いうのはどれくらいいらっしゃるでしょうか。

　少しハードルの高い話になってしまうのですが、本当に良いモノ を見る目を養おうと思うと、最終的には「何からつくられているか？ 誰がどこでどうつくっているのか？」という「出自」を意識すると ころへ行き着きます。

　昨今、スーパーで売られている野菜に「○○県の農家の△△さん が育てました」といったラベルが貼ってあるのをよく見かけますよね。 つくり手の顔が見え、手塩にかけて育てられた野菜なのだと思えば、 大切に食べなければという気持ちにもなります。

　また、コーヒーショップなどでも「フェアトレード」という言葉 を目にします。

　これは、ざっくりいうと、「自国の利益のために別の国の人間を不 当に安い対価で働かせず、フェアな条件で働いてもらってできあが

った商品です」という証明です。

　このように、今の世界はただ「安いから」という理由で消費することを良しとせず、サステナブルな素材でつくられているのか、安全性はどうなのか、公正な労働条件でつくられているのかといったことに意識を向けるようになっています。

　この視点を、ぜひ家具に対してももっと向けてほしいというのが私のささやかな願いです。

　消費者の少しの意識の積み重ねで、皆が豊かに暮らせる世界に近づきます。そのため、弊社でもSDGsに対する取り組みには力を入れています。

　また、価格やデザインにばかり気を取られて見落としがちですが、「家具の安全性」もとても大切な要素です。

　かつて、有名メーカーのチェストの下敷きになって子どもが亡くなるという悲しい事故がありました。

　特に、大型の家具には、安定感も安全な配置もマストです。

　弊社のコンセプトの中には、「安全に家具を使う」ということも含まれており、正しい製品の使い方も、ビジュアルを利用してバーチ

ャルで教えていくという取り組みをしています。

　3DやVRの技術を使って実際に家具を体験していただくサービスは、もちろんお客様にとってその家具が本当に必要かどうかを見極めていただくためというのが一番の目的です。

　それに加えて、家具配置をイメージ化することで、「買ったけどいらなかったから捨てる」という無駄な消費を避け、木材の無駄遣いを減らして森林を守ることに繋げたいという意識があります。

　繰り返しになりますが、具体的に使うシチュエーションをイメージすればするほど、無駄な消費はなくなるのです。

　とはいえ、家具の出自にこだわって商品を選ぶとどうしても値が張ってしまうのが難点なのですが、それでも、少し知識を持っておくだけで、今すぐではなくてもモノの選び方は変わってくるはずだと私は信じています。

　本書をお読みの皆様には、ほんの少しでもそうした家具の出自に対する意識を持っておいていただけると嬉しく思います。

COLUMN

1

プラスチック製品は
目につかないところに置く

先日、ちょっとした収納アイテムを購入するために100円ショップへ行くことがありました。

結局何も買わずに帰ってきたのですが、その時に、改めて100円ショップの商品を見て、8割はプラスチック製であるという印象を受けました。

インテリア選びのプロである私の主張としては、部屋の目につく場所にはなるべくプラスチック製品は置かないほうが良いと思っています。なぜなら、理由はとても簡単で、部屋が安っぽく見えてしまうからです。

もちろん、思い入れのあるお気に入りのアイテムであれば目のつくところに置いてあっても良いと思いますが、基本的には、オシャレな部屋を目指すのであればプラスチック製のモノは戸棚やクローゼットの中など、目につかないところにのみ使うようにしましょう。

Chapter

3

なりたい自分になる！バーチャルインテリア実例集

本章では、仕事を頑張りたい、プライベートを充実させたいなど「なりたい自分像」に合わせて、実際に部屋のビジュアルを一から作ってご紹介しています。ぜひ、部屋づくりのイメージを膨らませる参考にしてください。

MY

IDEAL

なりたい自分

1 SELF

今の仕事をもっと
頑張りたい人のための
インテリア

Ver.1 ダークトーンのインテリア

在宅ワークが中心の
ITエンジニア向け
部屋づくり

適切な明かりは作業効率を上げ、疲れを軽減します。デスクライトはマストアイテム

在宅で仕事をするならワークチェアは最も大切。質が良く疲れにくいモノに惜しみなく投資しましょう！

ワークスペースとプライベートスペースの仕切りをつくります

POINT

- 疲れを残さないためにくつろぎ空間もつくる

- ワークスペースと生活空間を分けてメリハリをつける

- イライラしがちな神経を落ち着かせられるスペースづくり

TVはソファやベッドから
見える位置に置いてくつ
ろぎやすい空間にします

オンライン会議用に背景を
意識。デスクの配置は壁が
背景になるように設置。壁
紙やアートで壁の工夫を！

家での作業がメインになるエンジニアは、ワー
クスペースとプライベートスペースのメリハリ
を意識した部屋づくりを意識しましょう。

ベッドは窓側に配置。自
然光で起きることは体に
も良いです（夜型になりや
すいので好みはあります）。

ベッドはセミダブルがオススメ。
20cm広いだけで良質な睡眠が
手に入り、疲れが残りません

Ver.2 ライトトーンのインテリア

インテリアの素材を変えれば
明るくナチュラルなスタイルに早替わり

視線先の壁には、グリーン
を多めにして集中力アップ

TVはデスクからも
見える位置に置いて
スペースを有効活用

休憩時間はパーソナルチェアに
座ってリラックスタイム。陽当た
りのいい場所に置いて日光を浴
びて。在宅ならではの特権です

ベッドスペースにグリーン
を置いて適度に自然を感じ
て。フェイクではなく本物
の植物がオススメ

立ち仕事・販売系向け部屋づくり

全身ミラーはマストアイテム。部屋が広く見えます

ソファでTVを見るなら、TV画面の中心がソファに座った時の目線と同じ〜やや下に来る高さに設定

立ち仕事、販売系など接客業の人は仕事で疲れた体と心を休ませつつ、自分磨きの時間もつくれるような部屋づくりがオススメです。

テレビボードとテレビは大きすぎても小さすぎてもNG。距離と部屋の広さとのバランスで最適なテレビサイズをチョイス

読書や作業には
ランプが必要

ブークレ素材など手
触の良い包み込まれ
る一人がけチェア

とにかく「ふー
っ」と休めるス
ペースを作る!

足を伸ばせるオットマ
ンやプフ(クッションス
ツール)などをプラス

座ったままリラックス
するにはサイドテーブ
ルがマストアイテム

P O I N T

- 部屋は休息&自分磨
  きの場

- キーワードは、ふかふ
  か触感、肌ざわり

- 心身を休ませられる
  スペースづくり

くつろぎのスペースに
はキャンドルを。温かな
光で休まる空間を演出

ディスプレイも兼ねてベッドサ
イドにはピローミストを置い
て。就寝前に振りかければ心か
ら休まる空間に大変身

自然素材×グリーンで自
宅の中でも森の中にいる
ようなリラックス効果

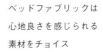

ベッドファブリックは
心地良さを感じられる
素材をチョイス

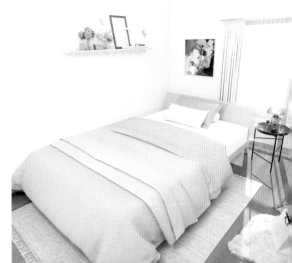

なりたい自分 **1**

今の仕事をもっと
頑張りたい人のための
インテリア

case C

営業職向け部屋づくり

常に人が呼べる環境をつく
っておくことを意識。皆が
集まる、会話が弾むスペー
スづくりを意識して

情報収集のためのスペ
ースは小さくても確保。
カウンターデスクなど
で配置の工夫をする

人脈づくりが大切な営業職は、人を呼びやすい部屋づくりを目指しましょう。ワンポイントで明るい色合いを取り入れると、好印象の部屋になります。

ソファ前にはコーヒーテーブルを置けばちょっとしたティーパーティにも対応可能

人とのつながりを大事に、頂き物や思い出の品を素敵にディスプレイする

DIYで棚に貼って取り付けられる照明をつけてデコレーションをライトアップ

P O I N T

- 人を呼んでおしゃべり（情報交換）できるスペースを設ける

- デスク周りはスマートに、整理整頓しやすい空間を意識する

- 旅の思い出やアートを壁に飾っておくと、ゲストとの会話も弾みやすい

コンパクトなデスク周り
もウォールシェルフを活
用して資料の整理整頓を

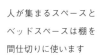

人が集まるスペースと
ベッドスペースは棚を
間仕切りに使います

鮮やかな色使いで、
遊び心をプラス

C O L U M N

2

─────

快適に仕事をするためのアイテム

　湿度と睡眠は、仕事の質にも影響するものです。除湿器については Chapter 1 でも少しお話ししましたが、本当にオススメです！　日本 で暮らしていると湿度が高いことに慣れてしまっていますが、いざ除 湿機を使うと「湿度が低いだけでこんなに快適なんだ！」と実感して いただけると思います。仕事にも集中しやすくなりますし、特に、私 は除湿機を脱衣場に置くことで生活の質がとても上がりました。圧倒 的にカビが生えにくくなり、お風呂掃除の時間が激減したのです。そ んなに高級品を選ぶ必要はなく、私が使っているのもせいぜい1万円 程度のモノです。

　もう一点オススメしたいのが「マットレス・トッパー」。名前のとおり、 ベッドのマットレスのさらに上に置く薄いマットレスのようなモノで す。マットレス自体がどんなクオリティであっても、このマットレス・ トッパーさえ少し良いモノを選べば、寝心地は格段に上がります。上 等なマットレスを選んで買い換えるとなると、経済的にも大変ですが、 マットレス・トッパーならだいぶお手軽です。

　今使っているマットレスの寝心地に満足できない方は、ぜひ試して ほしいです。

MY
IDEAL

なりたい自分

2 SELF

新たな夢を叶えたい人
のためのインテリア

資格取得にチャレンジする人向けの部屋づくり

テキストなどは増えても収納
しやすいよう壁に棚を用意

資格を取るための勉強を始めたい人には、
勉強を常に意識させつつ頭がクリアになる
スッキリとした部屋づくりがオススメです。

POINT

- なりたい理想像や目標は
常に見えるところに配置

- 必要なものは使いやすい
動線上に置く

- 植物の癒し効果やディフ
ューザーの香りでやる気
を引き出す

本や参考書は見えない収
納をしない！ 背表紙を
見せ、必要な本をセレク
トしやすくするのが◎

デスクの明かりは青み
がかった「白系（※昼光
色）」の色に。集中力を
高める効果があります

壁面を有効活用
し、目に入る動線
に目標を掲示

寝室もモノは少なめに、安眠できる
ナチュラルな色使いで統一

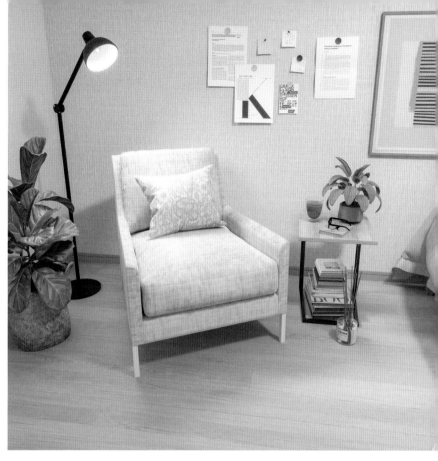

壁やサイドテーブルを有
効活用し、暗記するテキ
ストや本もオシャレなイ
ンテリアの一部にします

隙間時間を有効活用！
いつでも勉強できるよう
手に取りやすい位置に
本やテキストを置きます

キャリアアップしたい人向けの部屋づくり

たっぷりの陽光とグリーンがメンタルを前向きにパワーチャージしてくれます

ヨガや瞑想、ストレッチなどができるスペースを確保し自己肯定感UP

キャリアアップ、スキルアップを目指したいなら「やる気」を出しやすい、心が前向きになりやすい部屋がベスト。光をうまく取り入れ、明るい印象の部屋にしましょう。

自然をイメージしたグリーンのアクセントクロスでリラックスした空間演出

POINT

- スキルアップ＋自己啓発のためにメンタル力をUPさせる
- 日光はメンタルを上向きにしてくれるので日当たりの良い部屋を選ぶ
- 自分の部屋は、明日へ向かってパワーチャージする場所と考える

アロマキャンドルやディフューザーなどでお部屋の香りも意識しましょう。自分の好きな香りでいいです。私はスッキリとした柑橘系やハーブ系が好きです

木の素材感のある家
具は心を落ち着かせ
てくれます

大きな姿見を置いて
常に自分と向き合え
るようにします

カーテンはリネンの2枚使いで柔ら
かな光を取り入れて。夜の照明は電
球色をチョイス。副交感神経に働き
かけて気持ちをリラックスさせ、良
い睡眠効果も期待できます

起業するためには考えな
ければならないこと、準
備することが盛りだくさ
ん。とにかく無駄なもの
をなくしたシンプルな部
屋がオススメです。

起業したい人向けの部屋づくり

デスクはダイニングテ
ーブルを活用しても◎。
広い作業スペースと
してミーティング利用に
も向いています

家具はシンプルに
必要最低限のアイ
テムをチョイス

書類などは作業中のモノ以
外はきちんと収納してスッ
キリさせる（今に集中！）

POINT

- 資料などを広げやすいゆと
  りあるスペースをつくる
- 考えることに集中できる場
  所をつくる
- ゴチャゴチャさせずシンプ
  ルにする

ダークトーンの色合いとスタイ
リッシュなサイドランプでより
ミニマルな印象に

棚に置く物が少なく殺風景に
感じる場合は、やや大きめオ
ブジェをミックスさせると◎

「自分の時間」として、ゆった
り休む快適なスペースも確保

COLUMN

3

本との付き合い方

　新しいことを勉強するとなると、どうしても増えてしまうのが本です。今の時代、本といえば電子書籍派という人も多いでしょう。一方で、昔買った紙の本もたくさんあって置き場所に困っているという話もよく聞きますが、今読み返す必要のない本であれば、思い切って手放してしまうのも手。「読み返したい時にまた買えばいい」と割り切るのです。もちろん、紙の本は手放して電子書籍版で揃え直すというのも、スペース削減には大変有効です。

　収納場所を考える前に、「手放せないと思っているモノが本当に今置いておかなければいけないモノか」を考えることが住み心地の良い家づくりの秘訣です。

　また、本でいうと、私が気に入っているのが『50の名著』といったようなタイトルの、50冊分のエッセンスをまとめてあるダイジェスト本です。ジャンルは自己啓発的なものから文学までさまざまで、私はこれを枕元に置いておき、寝る前に気が向いたら読むようにしています。50冊買うとなると購入のコストも置き場所も悩ましいですが、1冊で50冊分なので、コスパもタイパも良く、効率的に読書をしたい人にはなかなか有用ではないかと思います。

MY
IDEAL
SELF

なりたい自分

3

プライベートを
充実させたい人のための
インテリア

なりたい自分 **3**

プライベートを
充実させたい人
のためのインテリア

case A

恋人が欲しい人向けの部屋づくり

壁を使うとプロジェクターでお気に入りの映画鑑賞もできます

恋人が欲しいと切実に思っているのなら、今は一人でも「二人の住まい」をつくるようにしましょう。ソファや食器を二人分そろえるのはマストです。スペースを広く使えるように収納も工夫しましょう。

ゆったり座れる大きさのソファ。クッションを2、3個置いてもゆとりあるサイズが理想です

POINT

- パートナーと過ごせる二人分のスペースづくり

- 二人分のモノをそろえておく

- 生活感のあるモノは、できるだけ収納しておく

カウンターキッチンにハイチェアを2脚。お揃いのクッションで華やかに！

壁にアートを貼る際はソファーを中
心としてバランスを考えましょう

飾るアイテムとしまうアイ
テムを区別。個性が強すぎ
るものはしまう選択を！

ベッド周りはすっきりと。毎朝ベッ
ドを整える習慣をつけましょう

なりたい自分 3
プライベートを
充実させたい人
のためのインテリア

case B

料理の腕前を上げたい人向けの部屋づくり

キッチンは効率良く作業できるスペースづくりが肝。道具のデザインにこだわれば壁面収納もオシャレ！

忙しい毎日でも料理がしたくなるような、ついキッチンに立ちたくなる空間づくりがポイント。作業スペースは広々と使えるように壁面もうまく活用して収納しましょう。

集めているスパイス類も統一した容器で壁面に並べて、見せる収納に

ちょっとした作業ができるようカウンター収納を配置！

目に届く範囲にグッズやア
イテムを配置することで料
理もはかどります

見せる収納と隠す収納をうまく組
み合わせることで、モノが多いキッ
チン周りもスッキリまとまります

カウンターとして使えるキャビネットを配置することで、リビングとキッチンの間仕切りにもなります

アウトドア好き 向けの部屋づくり

アウトドアが趣味の人は、どうしても大きな道具が増えやすいかもしれません。
そこでオススメなのが、見せる収納を中心にした部屋づくりです。

キャンプで使用する道具も並べて飾ることでアウトドアスタイルに

アウトドア好きなら、色合いはナチュラルなベージュ、ブラウンなどのアースカラーを並べると、センスUP

P O I N T

- 自然素材のアイテムを取り入れる
- アウトドア用品の収納には廊下・玄関を活用する
- グリーンをたくさん置いて、「アウトドア」の雰囲気を出す

ポストカードやイラスト、
ライトなどを飾るとオリ
ジナリティが出てきます

植物やビタミンカラーを
足すことで部屋も明るく、
気分もアップ

単身向けの手狭な部屋にはペグボードに自転車をかけたり、ファッションアイテム、雑貨を並べてオシャレに見せましょう

柄物や色鮮やかなデザイン性の高いアイテムは、クッションやラグ、アートで取り入れるのがオススメ

COLUMN

4

愛せるモノで部屋を満たす

　料理やアウトドアが趣味という方は、道具にもこだわりが出てくると思います。私が長きにわたり愛用している道具がドイツの老舗調理器具メーカー『Fissler（フィスラー）』の鍋。20年ほど前にママ友に薦められて購入し、今も第一線で活躍してくれています。

　保温性と熱伝導性が抜群で、何をつくっても美味しく仕上げてくれるこの鍋は、手触りにも使い心地にも愛情を感じられる「ずっと大切にしたい」と思えるモノのひとつです。

　「とりあえず」でモノを選ぶのは良くないという話をしましたが、「とりあえず」の対極にあるのが「愛せる」ということだと思います。

　一生モノというのは何も高価であるということではありません。100均で買ったとしても、あなたが愛を持って大切に使いたいと思えるのであれば、それは一生モノになり得るでしょう。

　逆に、値段に関わらず、「とりあえず」であれば買わない方がマシということがよくあります。「使うかどうか分からないけどとりあえず」、「そんなに使わないけどとりあえず」というタイプの「とりあえず」であれば、買わないほうがスッキリと快適に過ごせるはずです。

　愛せるモノで部屋を満たす。その心がけの先に、自分自身のことも愛し、理想を叶える人生がつくられていくのではないでしょうか。

Chapter

4

部屋をもっと
素敵＆快適にする
Tips集

オシャレで快適な部屋づくりに欠かせないのが窓周りのアイテム、照明、グリーン、鏡、アートです。でもこれらをいざ自分で買おうとすると選び方がよく分からず悩みがちです。ここでは、何をどう選んでどうあしらうかのポイントを簡単に解説します。

TIPS 1 快適な部屋は窓周りから

カーテンというと、目隠しのためのモノと思い込んでいる方が多い印象ですが、「快適に過ごすためのモノ」です。ここではブラインドやロールスクリーンなども合わせて、窓周りについての考え方を紹介します。

1 種類と特徴

最近は、カーテンレールにブラインドやロールスクリーンが取り付けできる商品も出てきたので、賃貸でもカーテン以外の選択肢が増えました。カーテンは生地や柄も豊富なので、デザインや用途に合わせて選ぶことができますが、見た目に少し重たさを感じてしまいます。スタイリッシュに見せたいならリネンなどの軽めな素材やブラインドがオススメです。光を取り入れやすく、風通しも良いですが、外からの視線や光、音などを遮る機能が劣るなどのデメリットもあるので、用途に合わせて選びましょう。他にもロールスクリーンや縦型ブラインドなどもあります。

2 機能性で選ぶ

光を遮ることができる遮光カーテン、音を防ぐ遮音カーテン、外から見えにくくするミラーレースカーテンなど、機能によって素材を選ぶことができます。また、10階を越えるような高層マンションには防炎カーテン取付義務があるので、要注意です。

3 デザインで選ぶ

ニュートラルカラー（ベージュ、グレー、ホワイト）はどんなインテリアにも合い、落ち着いた雰囲気をつくります。アクセントカラーとして明るい色を使うと、部屋に活気を与えます。無地のカーテンはシンプルで洗練された印象を与えますが、柄のカーテンやブラインドを選ぶと、個性を演出できます。

TIPS 2 雰囲気は照明でつくる

部屋の印象を大きく左右するのが照明です。素敵な照明は多いですが、「照らす」という機能を忘れてはいけません。それぞれの用途に合わせセレクトしましょう。

1 部屋全体を照らすシーリングライト

天井に取り付けお部屋全体を照らす役割をしてくれるのがシーリングライト。しっかりと明るさがほしい場合は、畳数(広さ)に合わせて選ぶのがポイントです。

2 アクセントにはペンダントライト

天井から吊り下げるようなタイプのペンダントライトは、光の位置が低くなるため、部分を照らしたいときに利用します。デザイン性のあるものも多いため、インテリアのアクセントになります。

3 手元を照らすスタンドライト

ソファーの隣や部屋のコーナー部分を明るくするフロアランプ、テーブルや家具の上に置くテーブルランプ、デスクランプがあります。読書や作業など手元を明るくしたり、部分的に明るくしたいときに利用します。

4 照らす明かりには色がある

照明や電球の色には種類があり、作業効率や過ごし方によって、正しく選ぶとより心地よく過ごせます。ゆっくり落ち着いて過ごしたい場合は色味を暖色系に、活動的に過ごしたり作業スペースには寒色系を選ぶと良いでしょう。

寒色系

暖色系

TIPS 3 素敵な部屋には植物がマスト

部屋にグリーンを置いたもののすぐに枯らしてしまったり、イマイチオシャレにならずただ邪魔なだけになっていたり、意外と理想通りに行きません。ここでは、初心者向けのグリーン選びのコツを紹介します。

1 ちょこっと植物を始めよう

まずは、テーブルやデスク、棚やキッチンに小さい鉢のグリーンから始めてみませんか？部屋にグリーンを多く飾ることで、インテリアも素敵になる他、癒し＆リラックス効果もあります。置く場所で日光に強い、日陰に強いなどの種類を選ぶようにしましょう。オシャレな鉢カバーを選び、小さなグリーンを並べてみるのも◎。

2 吊り下げタイプのハンギンググリーン

カーテンレールやフックを使って吊るして飾ってみましょう。ハンギングに適した植物、ハンギング用の鉢なども種類も豊富なので、ネットで購入もオススメです。ぐんぐん伸びて垂れてくるとお部屋の雰囲気も良くなります。

3 丈夫でオシャレな多肉植物

室内でも育てやすい多肉の種類を選びましょう。水やりの頻度が少なく、丈夫で育てやすいので、初心者向きです。エアプランツは、土が不要で空気中の水分を取り込んで成長していくので、霧吹きなどで水やりをします。

TIPS 鏡で部屋は見違える

4

日本では、鏡を「飾る」という考えがあまりないかもしれません。ですが、鏡ひとつで部屋の見え方はガラリと変わります。部屋を広く素敵に見せる鏡の飾り方をぜひ覚えてください。

1 窓の対面で光を拡散させる

鏡を窓の対面に配置することで、自然光を部屋全体に拡散させ、明るく開放的な雰囲気を作り出します。窓からの光を反射する位置に鏡を配置することで、部屋が広く感じられます。特に狭い部屋や暗い部屋に効果的です。

2 視覚的な奥行きをつくる

長い廊下や狭いスペースに鏡を置くことで、視覚的な奥行き感を演出します。部屋の隅や入口近くに配置すると効果的です。縦長の鏡や複数の小さな鏡を使うことで、空間が広がって見える効果を強調できます。

3 部屋にメリハリがつく

部屋に入って一番最初に目に入る場所であるドアの真正面、もしくは対角線上の位置が鏡を置いた場所に目線が集まることでメリハリが生まれます。鏡のフレームやデザインに凝ることで、視線を引き付けるアイテムとして活用できます。

TIPS 5 誰でもできる アートの飾り方

アートというと、高価だったり難解だったりといった印象で、苦手意識を持っている人も少なくありません。ただ、自分の好きなものを飾るだけとシンプルに考えてください。

1 お気に入りのモノは全てアートになる

雑貨屋さんで見つけたポストカード、旅先の写真、子どもの描いた絵。あなたが良いと感じたならその全てがアートです。写真や絵は額縁に入れるだけで「それっぽく」なります。私は自分で描いてしまいます。額縁の選び方は、シックに決めたいならブラックフレーム、ナチュラルや北欧スタイルのインテリアにはウッドやホワイトのフレームがオススメです。

2 飾る場所

壁にかけるだけではなく、床置きやチェストの上に置いても素敵に飾れます。賃貸物件などで壁に穴をあけられない場合は、粘着性のフックやピンタイプのフックなどでもかけられる軽めのフレームを活用しましょう。

3 壁の余白を作らない

日本は柄物の壁紙が少なく、白やベージュ、グレーなど主張の少ないものが主流です。ですので、そのままにしておくとあまり個性がありません。大きいもの1点、あるいは小さいものなら数点、なるべく余白を作らないことを意識して、アートを飾ってみてください。それだけでグッとオシャレに、個性を表現することができます。

COLUMN

5

カラーアンドデコの
生活に寄り添った部屋づくり

　Chapter 3、4で紹介したインテリアの写真は、3Dでインテリアを配置したイメージ画像です。

　私たちカラーアンドデコでは、部屋やエリア、入居者の好みに合わせ、インテリアコーディネートやリフォームプランもAIで提案するなど、日々サービスをアップデートして提供しています。

　最近、不動産会社からの相談で多いのが、「物件の人気を高めるために、どうデザインで工夫できるか？」というもの。

　例えば、アクセントクロス（壁の一箇所だけデザインを変えること）を入れるだけで入居率が上がったり、壁にピクチャーレールやフック、ボードなどを取り付けるだけで契約率が上がったりと、少しのアレンジでぐっと物件価値を上げることができます。

　ただ、ここで大事なのが、「ターゲットに好まれる」ということです。ここを外すと、問い合わせすらされない悲しい物件

になってしまいます。入居ターゲット＋トレンド（素材やカラーなど）から導き出すデザインが重要です。

　だからこそ、私たちは、常にデザインやトレンド、世代や属性ごとの好みや生活の課題感などさまざまな角度から分析して情報提供することに尽力しています。

　海外では家具付き物件も多いですが、日本はまだまだ少ないので、今後は入居当日からすぐに素敵な暮らしがスタートできるような家具付きセットアップ物件も増やしていきたいと思っています。まだまだ、インテリアで幸せな人生のお手伝いをするためにできることはたくさんあると感じる日々です。

　今は、システム開発、AIエンジニア、インテリアコーディネーター、CGクリエーターなど専門性の高いスタッフが集まり、分析からインテリアプランまで暮らしに関わるデザインやインテリアパターン、イメージ画像を提供しています。

　次のページからは、この本を一緒につくってくれた、カラーアンドデコのインテリアコーディネーター二人の実際の暮らしをご紹介させていただきます。

　二人とも入社して4年目の若い感性で、日々たくさんのアイディアを出してくれています。

　彼女たちの部屋が皆様の部屋づくりのヒントになれば幸いです。

カラーアンドデコスタッフのお部屋拝見

1

インテリアコーディネーター
山口初菜
Hatsuna Yamaguchi

私は、もともとインテリアには興味があったものの、初めからしっくり来る部屋づくりができていたわけではありませんでした。

　入社してさまざまなお客さまにインテリアを通して暮らし方を提案していくにつれ、世の中には多様な価値観があり、それを生活に取り入れている方が多いことに気づかされました。

　そうしてカラーアンドデコで仕事をする中で、自分のプライベート空間にワクワクすることを落とし込んで居心地のいい住空間にすることの大切さを学んだのです。

部屋に入ったときの印象が大きく変わるカーテン。賃貸ですが、今住んでいる部屋をすごく気に入っているため、カーテンを選ぶ際は思い切ってオーダーにしました。モダンなインテリアが好きなため、ドレープ生地には艶感をもたせています。また、カーテンのヒダは、ベーシックな1.5倍ヒダではなく、2倍に増やすことでよりシックでドレッシーな印象になります。カーテンは部屋の印象を大きく左右するため、家具選びよりも慎重になってしまいます。皆さんにも、できるだけ実店舗に足を運んだり、サンプルを取り寄せて家具との相性を見たり、時間をかけて決めて納得のいくものを選ぶことをオススメしたいです。

カーテン

生花を
飾る

お花屋さんが近いため、立ち寄ることが多いです。季節にあったグリーンやお花を飾ることで彩りも増え部屋も明るくなります。そして癒し効果抜群です！また、そこにライトも合わせて置いておくと日中のシーン、夜のシーンで雰囲気がグッと変わるのでオススメのディスプレイです。

差し色を入れる

部屋にはできるだけ色を取り入れるよう心がけています。家具の色は落ち着いたトーンで統一し、花など小物を差し色に使うことが多いです。色を取り入れることにハードルを感じる方は、まずはクッションカバーなどのファブリック系から試してみるとお手軽にイメチェンできます。ちなみに、画像はバレンタインデーにお部屋を飾り付けしたもので、クッションをはじめお花や小物アイテムで季節感を出しました。

最近は賃貸でも穴が目立たないフック等、簡単に壁掛けアートを楽しめますよね。私は壁掛けも楽しみたいのですが、少々億劫に感じてしまうのと壁の下部分の余白が気になるので、立てかけてアートを楽しんでいます。思い切って大きい額を買ってお気に入りの1枚を飾るのもとてもオススメです！

アート

プロジェクターを楽しむ

壁の余白にはプロジェクターを投影して好きな映画鑑賞をしています。テレビは一度つけるとダラダラと不要な時間を過ごしてしまうのがあまり好きではないので、テレビは置かずに、プロジェクターを投影して自分の好きなものを見て過ごしています。

カラーアンドデコスタッフのお部屋拝見 2

インテリアコーディネーター
高橋菜希
Saki Takahashi

　私の実家は3LDKでしたが、中学生まで自分の部屋はなく、リビングで過ごしていました。

　その影響もあって、今でもリビングが一番好きな空間です。だから、初めて欲しいと思った家具は「リビングテーブル」で、こだわりのアイテムを購入しました。

　私は、「『センスがいい』『すてきなデザイン』とは？」を自問自答することを心がけています。

　デザインに限らず、CS（カスタマーサクセス）・ディレクションなどさまざまな業務に携わるうちに、コーディネートには正解がないと学びました。

　だからこそ、いくつもの案を引き出せるよう「情報収集」と「ひらめくチカラ」を常に意識することが正解への近道だと感じたのです。

**主役は
お気に入りの
テーブル**

『Dareels（ダリールズ）』というブランドの『TOOR COFFEE TABLE』です。大きなガラス天板を支えている脚はジャワ島の古い建物・倉庫で使用されていたチークウッドを再利用しており、同じデザインのものは二つとありません。ガラスの上から見える年輪の模様、横から見る幹割れ、枝の細さなど職人さんのこだわりが伝わります。

広めの
リビングと
ラタンチェア

この大きなリビングテーブルを活かすために
リビングが少し広い家に引越しをし
ました。アイテムのデザインを活かすに
は物件選びも大切だと思います。リビン
グテーブルのウッドに合わせ、ダイニン
グチェアもラタンを使用したアイテムを
チョイスしました。ラタンの素材に関し
て調べてみると、軽くて丈夫な素材なた
め保管・メンテナンスをきちんと行うこ
とで長く愛用できるアイテムだそうです。
私も、2年ほど愛用していますが型崩れな
どしていません。また、ラタンの加工はほ
とんどが手作業だそうです。私は職人さ
んのこだわりを感じられるアイテムだと
より愛着を持って使用することができま
す。リビングには遮光カーテン、寝室は陽
の光が入りますが、目覚めを良くするた
めにあえて非遮光カーテンを選びました。

育てて1年になるガ
ジュマルとウンベ
ラータはお手入れが
楽なグリーンです。

癒しの
インテリア
小物

カラデコのキャンド
ルとフレンチブル
ドッグのオブジェ、
一目ぼれしたNYの絵
は、アルミ板に写真
をプリントしたもの。

キャビネットの上には毎日身に着け
ている両親からのアクセサリー、大切
な先輩にいただいたプレゼントを並
べています。

変わるものと変わらないもの

　最後までお読みいただきありがとうございます。

　私は、家は育てていくものであり、自分の置か

れている環境、仕事、家族構成などによって変わ

るものだと思っています。

　インテリアが変わるということは、自分が成長している証でもあります。

　ただ、好きなテイストや心地良いと感じるものが変わっていくのは当

然のことですが、一方で、ずっと変わらず大切にしていけるモノも見つ

けていただきたいと思っています。

　この本が、皆様の一生モノを見つけるきっかけとなってくれたなら、

こんなに嬉しいことはありません。

　インテリアは、自分を表します。

　なりたい自分を想像することから部屋づくりをして、ぜひご自分の夢

を叶えてください。

　自分の「好き」を実現すること、毎日ワクワクする生活を送ること、

インテリアから未来をつくること。

　これが、私の人生の三大命題です。

「家を、『暮らし』から選べる社会をつくっていきたい」というのが、弊

社を起ち上げてからずっと変わらない私の夢です。

　そのために、テクノロジーの力を使って、これからも人に寄り添った

インテリアデザインを提供して参ります。

2024年6月吉日　加藤望美

PROFILE

加藤望美
NOZOMI KATO

株式会社カラーアンドデコ代表取締役CEO。1978年生まれ。23歳から広告、デザイン、WEB制作会社を起業し、12年間経営。女性をターゲットとする大手ブランド、コスメ、アパレル、エンターテイメント企業を中心に、広告、マーケティング、WEBサイト制作・運営などに携わる。2013年、株式会社ホームステージング・ジャパンを立ち上げ、「マーケティング×インテリアで不動産売却を高める手法」を日本で初めてサービス提供。2019年、3DCG/VR技術を活かしたバーチャル×インテリアにより、不動産・住宅選びや暮らしづくりを提案していくべく株式会社カラーアンドデコを設立。

株式会社カラーアンドデコ
https://coloranddecor.co.jp/
Instagram

インテリアの常識を変える！
自分に合った部屋づくり

パーフェクトシミュレーションで理想の空間に住む

加藤望美 著

2024年7月16日　初版発行

発行者　磐﨑文彰
発行所　株式会社かざひの文庫
〒110-0002　東京都台東区上野桜木2-16-21
電話／FAX 03(6322)3231
e-mail: company@kazahinobunko.com
http://www.kazahinobunko.com

発売元　太陽出版
〒113-0033　東京都文京区本郷3-43-8-101
電話 03(3814)0471　FAX 03(3814)2366
e-mail: info@taiyoshuppan.net
http://www.taiyoshuppan.net

印刷・製本　モリモト印刷
インテリアコーディネーター　山口初菜　高橋菜希
CGクリエイター　清水理史　澤田瑠偉　近藤廉汰
出版プロデュース　谷口 令
装丁　藤崎キョーコデザイン事務所
編集協力　中村理絵